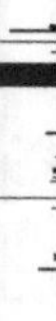
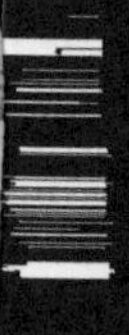

CONFÉRENCE

SUR LES

VŒUX DE PERCEMENT

DE

L'ISTHME DE SUEZ

LE 10 JUILLET 1867

A L'AMPHITHÉÂTRE DE LA FACULTÉ DES LETTRES

A TOULOUSE

PAR

M. Olivier RITT

Attaché à la Direction générale des travaux du canal maritime de Suez.

TOULOUSE

IMPRIMERIE DE RIVES ET FAGET, RUE TRIPIÈRE, 9.

1867

CONFÉRENCE

SUR LES

TRAVAUX DE PERCEMENT

DE

L'ISTHME DE SUEZ

FAITE LE 10 JUILLET 1867

DANS L'AMPHITHÉATRE DE LA FACULTÉ DES LETTRES

A TOULOUSE

PAR

M. Olivier RITT

Chef du Secrétariat de la Direction générale des travaux du Canal
maritime de Suez.

TOULOUSE

IMPRIMERIE DE RIVES ET FAGET, RUE TRIPIÈRE, 9.

1867

CONFÉRENCE

SUR LES

TRAVAUX DE PERCEMENT

DE

L'ISTHME DE SUEZ

Le 10 juillet 1867, la salle de l'amphithéâtre de la Faculté des Lettres était comble. Un public très élégant, parmi lequel figuraient grand nombre de dames, était venu entendre la conférence que M. Ritt, chef du secrétariat de la direction générale des travaux du canal de Suez, devait faire sur les travaux de percement de l'isthme.

Nous avons particulièrement remarqué dans l'assistance M. le général comte de Lorencez, M. le Recteur de l'Académie, les professeurs des Facultés de Droit, des Sciences et des Lettres, des magistrats, des membres du barreau et diverses notabilités de la ville. A quatre heures, M. Ritt a pris la parole au milieu d'un silence plein de sympathie et s'est exprimé en ces termes :

MESDAMES, MESSIEURS,

Pendant le temps du congé que je viens de passer à Toulouse, de nombreuses questions m'ont été adressées sur les travaux de canalisation de l'isthme de Suez, et des personnes amies ont bien voulu m'exprimer la pensée qu'une conférence sur ce sujet pourrait paraître intéressante dans la ville qui a honoré d'une manière toute speciale la mémoire du créateur du canal du Midi. Ces encouragements et un penchant trop naturel à parler des choses auxquelles on se consacre, m'ont déterminé à affronter peut-être témérairement les périls inconnus d'une séance publique. Veuillez au moins ne pas perdre de vue que je sors d'un champ d'action et non pas d'une chaire d'éloquence. Soldat depuis six années d'une grande bataille pacifique, je viens simplement causer avec vous de ce que j'y ai vu et de ce que j'en sais, et je fais appel à toute votre indulgence pour suppléer à l'insuffisance du conteur. (Applaudissements.)

Il y a aujourd'hui trente-deux ans, un fléau terrible, la peste, ravageait l'Egypte. Les victimes succombaient par centaines de mille, et la colonie française était ébranlée, à la fois, par l'aspect de cette redoutable maladie et par la crainte des conséquences que pouvait finir par entraîner la surrexcitation inséparable de pareilles souffrances. Le consul de France au Caire, qui, bien que très jeune encore, gérait en ce moment le consulat général, sut, par son attitude courageuse, rallier autour de lui et rassurer les plus timides. Il reçut en récompense la croix de la Légion-d'Honneur, et il commença ainsi à fonder cette belle réputation, qu'il devait si glorieusement couronner sur cette même terre d'Egypte. Ce digne représentant de la France, vous l'avez tous nommé : c'était M. Ferdinand de Lesseps.

Quelques années plus tard, le même consul se trouvait à Barcelone, au moment où cette ville allait être bombardée, à la suite de troubles politiques. Par l'activité et par l'énergie de son intervention dans ces graves circonstances, M. de Lesseps réussit à la fois à pourvoir à la sûreté et à sauvegarder les intérêts de ses nationaux. Il fit donner impartialement asile, à bord des bâtiments de l'Etat, aux Espagnols dont la vie était en péril; enfin, par d'heureuses démarches, il détourna de la ville un désastre complet. Cette conduite lui valut les témoignages les plus précieux de la reconnaissance générale. La Chambre de Commerce de Barcelone commande son buste en marbre et lui adressa des remerciements publics auxquels l'évêque s'asoocia;

les résidents français lui frappèrent une médaille. Plusieurs Chambres de Commerce, notamment celle de Marseille, lui votèrent des Adresses. Les gouvernements étrangers le firent remercier par la voie diplomatique ou lui conférèrent les insignes de leurs ordres. Enfin, le Gouvernement français, non content de le nommer officier de la Légion-d'Honneur, échangea son titre contre celui de consul général, tout en le maintenant à ce même poste de Barcelone, où il venait de conquérir une si fière situation. (Applaudissements prolongés.)

Je me bornerai à ces citations historiques de deux épisodes de la vie de M. Ferdinand de Lesseps. Ils suffisent à caractériser sa personnalité, et, quand on les connait, on comprend l'initiative entrainante et l'indomptable énergie avec lesquels il a entrepris et poursuivi la grande œuvre dont son nom restera désormais inséparable.

Bien des conférences ont déjà été faites, bien des volumes ont été écrits sur cette œuvre, et j'aurais voulu pouvoir consacrer plus d'une séance à vous en parler. J'essaierai pourtant de traiter complètement le sujet, au moyen de quelques aperçus rapides.

I.

Et d'abord, voyons quelles ont été les tentatives du passé et comment a été constituée la Compagnie qui opère aujourd'hui.

Reportons-nous à deux mille cinq cents ans en arrière. Les souverains de l'Egypte, alors en pleine période de grandeur, se sont efforcés de rendre la communication par eau possible entre les deux mers, dont le commerce contribuait pour une si large part à cette prospérité. Mais ils n'ont jamais songé à établir cette communication au moyen d'un canal direct d'une mer à l'autre. Il aurait fallu, pour cela, des moyens mécaniques susceptibles de creuser sous l'eau, car la mer devait finir par envahir les tranchées, soit sous forme d'infiltration, soit en rompant les barrages de protections. Or, ces moyens n'existaient pas encore. D'un autre côté, les bâtiments de mer anciens tiraient beaucoup moins d'eau que ceux de notre temps, de sorte que le Nil et un canal dérivé de son cours pouvaient parfaitement servir à faire passer les navires de la mer Méditerranée dans la mer Rouge. Aussi, les Pharaons se sont-ils contentés (et c'est pour eux un titre de gloire suffisant) d'établir la communication par le Nil et par un canal qui lui empruntait ses eaux.

D'après Hérodote, le creusement de ce canal a été commencé par Nécos, fils de Psamméticus, soit vers le milieu du VIIe siècle avant Jésus-Christ, et il aurait été terminé sous Darius, fils d'Hystaspe, c'est-à-dire après cent ans d'exécution.

Les vestiges du canal de Nécos existent encore, surtout quand on approche de Suez, où la nature solide du terrain a conservé aux berges leur forme primitive. La Compagnie a même pu utiliser ces berges, sur quelques kilomètres, pour un canal d'eau douce, dont j'aurai à vous entretenir.

Le canal de Nécos partait de Bubaste, aujourd'hui Zagazig, et aboutissait à Patymos, dans les environs de la ville de Suez actuelle. Sa longueur totale devait être d'à peu près 150 kilomètres. Sa largeur, variable, devait atteindre, par places, plus de 30 mètres, pour laisser passage de front à deux trirèmes, les plus gros bâtiments d'alors.

Sa profondeur n'était pas moindre de 2 mètres 50 à 3 mètres. On a dû remuer quelque chose comme 15 millions de mètres cubes pour le creusement de ce canal.

Les empereurs romains, notamment Adrien, firent faire de grands travaux de réparation au canal de Nécos. De même les califes et notamment Omar, qui le fit nettoyer et recreuser.

Quant à la destruction de ce beau travail, destruction évidemment opérée de main d'homme, on la place sous le règne du calife Abasside Abou-Giafar-El-Mansour, pendant une révolte, vers le milieu du VIIIe siècle après Jésus-Christ.

Ainsi, il est constant qu'une grande voie de communication par eau, voie indirecte, c'est vrai, a existé pendant plus de quinze cents ans entre la mer Méditerranée et la mer Rouge.

Après la destruction du canal de Nécos, les nations occidentales, notamment l'Espagne et le Portugal, cherchèrent une autre route pour se rendre aux Indes. La découverte de l'Amérique par Christophe Colomb, à la fin du XVe siècle, et le premier voyage autour du cap de Bonne-Espérance, exécuté, vers le même temps, par Vasco de Gama, ont été certainement avancés, faute d'une voie plus directe, par le Delta du Nil et par l'isthme de Suez.

C'est une consolation de penser que tout mal apporte ainsi avec lui son remède. Mais ce remède a coûté bien cher, pendant des siècles, aux peuples de l'Europe forcés à faire de longs voyages avec bien des risques, tandis qu'en étudiant immédiatement la voie naturellement indiquée, on fût sans aucun doute arrivé bien plus tôt à rendre réalisable l'œuvre que la Compagnie exécute en ce moment. On peut dire qu'il y a eu là bien des millions et bien des siècles jetés à l'eau. (Marques d'approbation.)

C'est seulement en 1798, lors de l'expédition des Français en Egypte, que la question de la canalisation de l'isthme de Suez fut reprise. La grandeur des résultats à atteindre ne pouvait pas échapper au génie du général Bonaparte. Il avait précisément auprès de lui une Commission de savants, dont le travail sur l'Egypte, envisagée à tous les points de vue, est un des monuments les plus remarquables qui aient jamais été produits. Un de ces hommes de sciences, M. Lepère, ingénieur en chef des Ponts et Chaussées, fut chargé de préparer un rapport sur la question.

M. Lepère conclut en indiquant deux solutions :

1° Pour le commerce de l'Egypte, un canal à petite section, alimenté par les eaux du Nil, et traversant le désert. Ce n'était là, en réalité, qu'une variante du canal de Nécos.

2° Pour le transit, un canal maritime à grande section et à écluses, allant de Peluse à Suez.

Il s'agissait bien là d'un canal direct ; mais le rapport présentait deux erreurs fondamentales. — D'abord, il faisait aboutir le canal, dans la Méditerranée à Peluse, et nous verrons tout à l'heure que c'eût été une impasse. — En second lieu, il admettait la nécessité d'écluses, parce que M. Lepère, s'appuyant sur les études topographiques de son personnel, croyait que les deux mers n'étaient pas de niveau, mais que la ligne d'eau moyenne de la mer Rouge était de 10 mètres environ plus élevée que la ligne d'eau de la Méditerranée. On ne peut attribuer ces deux erreurs qu'à la rapidité et aux péripéties de la campagne, qui n'ont pas permis de procéder avec toute l'exactitude nécessaire à l'exploration de la baie de Peluse et aux travaux de nivellement.

Le travail de M. Lepère n'en a pas moins rendu cet immense service d'être le point de départ de nouvelles études.

Tout d'abord, l'opinion que les deux mers n'étaient pas de niveau se heurta, à Paris, contre l'incrédulité raisonnée de savants de premier ordre, de Fourier et de Laplace. Malheureusement, l'évacuation de l'Egypte par l'armée française mit fin à toute vérification, comme aussi à l'exécution du travail projeté. Aussi bien, à supposer qu'un nouveau travail fait sur place et dans de meilleures conditions fût venu immédiatement confirmer l'opinion de Laplace, force eût encore été d'ajourner, au moins temporairement, l'exécution d'un canal maritime direct entre les deux mers, faute de moyens mécaniques nécessaires pour le creuser sous l'eau à la profondeur voulue.

Mais ces moyens, ils existaient en 1831, époque du premier séjour de M. Ferdinand de Lesseps en Egypte. Aussi est-ce avec l'intérêt qui s'attache aux choses réalisables qu'il étudia alors le travail de la Commission d'Egypte, et surtout le rapport de M. Lepère. Lui-même a fait connaître, dans une de ses conférences, que cette lecture lui avait inspiré la première idée d'un projet de canal maritime direct entre les deux mers. Notons, en passant, que le souverain de l'Egypte était, à cette date, Méhémet-Ali, dont le père avait été, avant son avènement au pouvoir, en relations intimes avec le père de M. de Lesseps. Le vice-roi accueillit le fils de de son ami avec une bienveillance toute particulière et inspira les mêmes sentiments à son propre fils, Mohamet-Saïd.

Cependant, la tranquillité rendue à l'Egypte, les rapports plus fréquents de ce pays avec l'Europe, le courant des idées, la nécessité de plus en plus impérieuse de communications rapides avec l'Inde, avaient ramené à l'ordre du jour la création d'un canal de jonction des deux mers.

En 1847, un homme d'un incontestable talent, qui a joué un rôle tout spécial dans le monde contemporain, le Père Enfantin, vivement préoccupé de la solution de cette question, inspira à quelques amis l'idée d'en reprendre l'étude. Une Commission composée d'ingénieurs éminents, parmi lesquels l'ingénieur anglais Stephensen, l'ingénieur autrichien de Negrelli et l'ingénieur français Paulin Talabot, se réunit à cet effet. M. Bourdaloue, opérateur expérimenté, prouva, par un nivellement exécuté avec le soin le plus minutieux, que la différence de niveau entre les deux mers était de quelques centimètres seulement. Les résultats de ce travail furent vérifiés en 1853, sur l'ordre du vice-roi, par l'ingénieur français Linant-Bey, et toutes les opérations ultérieures ont confirmé la même chose.

D'après ces données, il était naturel de conclure au projet d'un canal direct entre les deux mers. Toutefois, reculant devant la conception de ports d'accès à créer aux extrémités de ce canal, M. Paulin Talabot s'arrêta au projet d'un canal de communication alimenté par les eaux du Nil. L'exécution eût été bien autrement chanceuse en certains points et très probablement plus coûteuse que le creusement d'un canal maritime direct; de plus, à la saison du bas étiage du Nil, on n'aurait pas pu conserver assez d'eau pour assurer une navigation continue par cette voie. Je ne m'arrêterai donc pas au projet dont il s'agit. Mais toute cette étude a fait encore progresser vers la solution définitive, et, à ce titre, les hommes dont je viens de citer les noms ont droit à la reconnaissance du monde.

Enfin, en 1854, dès son avènement à la vice-royauté, Mohamed-Saïd-Pacha, le fils de Méhémet-Ali, dont je vous ai dit les relations avec M. Ferdinand de Lesseps, appela auprès de lui ce diplomate, retiré des affaires depuis cinq années et qui avait mûri son projet de canalisation directe de l'isthme. M. de Lesseps partit immédiatement pour l'Egypte et n'eut pas de peine à convaincre Saïd-Pacha de la grandeur et de l'opportunité de l'œuvre.

Le 30 novembre 1854, un premier acte de concession, signé au Caire, chargea M. de Lesseps de constituer et de diriger une Compagnie, dite Compagnie universelle du Canal maritime de Suez, pour le percement de l'isthme et pour l'exploitation du canal ainsi créé, pendant quatre-vingt-dix-neuf années, à partir de la réunion des deux mers. Les terrains jugés nécessaires pour la fondation des ports, l'installation des campements et le fonctionnement des chantiers, de même que pour l'exploitation, étaient cédés en même temps que le parcours du canal et pour la même période.

En avril 1855, M. de Lesseps remit au vice-roi le rapport des ingénieurs Linant-Bey et Mougel-Bey, constituant l'avant-projet du canal.

Une Commission internationale, composée d'hommes du plus haut rang, tant de la France que de l'Angleterre, de l'Autriche, de l'Espagne, de l'Italie, des Pays-Bas et de la Prusse (1), se réunit à Paris,

(1) Voici les noms des membres de la Commission internationale :

Pour la France, MM. l'amiral Rigault de Genouilly ; le contre-amiral Jaurès ; Renaud, inspecteur général des Ponts et Chaussées ; Lieussou, ingénieur hydrographe de la marine impériale.

Pour l'Angleterre, MM. Rendel, Charles Manby, Mac Lean, ingénieurs ; Harris, capitaine de vaisseau.

Pour l'Autriche, M. de Negrelli, inspecteur général des chemins de fer.

Pour l'Espagne, M. Montésinos, directeur général des travaux publics.

puis se rendit en Egypte pour examiner sur place l'avant-projet. Le rapport de cette Commission, daté de 1856, est un travail capital. Après avoir exploré tout le pays, la Commission conclut à la création d'un canal entre les deux mers, canal sans écluses et sans autres travaux d'art que ceux des ports d'accès. Elle déclara l'entreprise réalisable, moyennant une dépense totale de 200 millions de francs, au sujet de laquelle ses évaluations raisonnées sont on ne peut plus détaillées et précises.

En novembre 1858, après deux années employées en conférences et en démarches préliminaires de toute nature, M. de Lesseps ouvrit la souscription destinée à fournir les fonds voulus pour l'exécution du canal. Nonobstant les craintes d'une guerre prochaine, la majeure partie de ces fonds fut assurée en très peu de jours par un grand nombre de souscripteurs des divers pays de l'Europe, surtout de la France, qui compte plus de vingt mille actionnaires. Le vice-roi déclara prendre pour l'Egypte le reste de la souscription, et le président de la Compagnie put dès lors s'occuper de l'exécution des travaux. (Applaudissements prolongés.)

Pour l'Italie, M. Paléocapa, ministre des travaux publics.
Pour les Pays-Bas, M. Conrad, inspecteur du Waterstaad.
Pour la Prusse, M. Lentzé, ingénieur en chef des travaux de la Vistule.

II.

Voilà la Compagnie constituée. Voyons sur quel terrain elle avait à opérer, ce qu'elle avait à exécuter et ce qu'elle a déjà fait.

L'étude des lieux et les données hydrographiques avaient déterminé la Commission internationale à conseiller de faire déboucher le canal, non pas au fond de la baie de Peluse, mais sur un point de la côte, au nord-ouest de l'ancienne Peluse. Il était évident, en effet, que l'abandon de cette dernière ville, qui avait servi de port connu dans l'antiquité, provenait de ce que les sables de la mer et le limon du Nil, entraînés par les courants sous l'impulsion des vents de nord-ouest, les plus constants dans ces parages, avaient fini par envahir le fond de la baie. Pour y créer utilement un nouveau port, surtout avec les profondeurs beaucoup plus considérables qu'autrefois que réclament les besoins actuels de la navigation, il aurait fallu faire des jetées de protection avançant jusqu'à 6,000 mètres en mer ; c'eût été une tentative très hardie et très coûteuse, sans avantage bien marqué.

Le point choisi en conséquence de cette considération est celui que je vous montre maintenant et que M. de Lesseps a demandé et obtenu l'autorisation d'appeler Port-*Saïd*. Ce choix permettait de réduire à 3,000 mètres pour la jetée ouest et de 1,500 mètres pour la jetée est, les longueurs atteignant des fonds de 9 à 10 mètres, plus que suffisants pour les plus gros navires à voiles et à vapeur.

Une grande étendue d'eau, appelée le lac Mensaleh, sépare, comme vous le voyez, la langue de terre où est Port-Saïd du reste de l'isthme. Au moment des hautes eaux, ce lac a une superficie de plus de 135,000 hectares, et son contour est d'environ 220 kilommètres. La mer y pénètre par trois ouvertures, appelées boghaz dans le pays. Le Nil y débouche par deux de ses anciennes branches, la branche tanitique, aboutissant à Matarieh, et la branche pelusiaque, aboutissant à Salaieh.

La profondeur du lac ne dépasse pas 2 mètres. Son fonds est composé d'un sable très fin, constituant parfois une vase presque liquide.

Le lac Mensaleh communique avec deux autres lacs plus petits, appelés lacs Ballah, à sec pendant une partie de l'année et dont le fonds est de même nature.

Toute la portion du tracé du canal, depuis son origine jusqu'à plus de 40 kilomètres dans l'intérieur, est à peu près dans les mêmes conditions de terrains. Ensuite, et jusqu'au kilomètre 75, le tracé du canal traverse un terrain élevé, immense dune de sable, appelée seuil d'El Guisr, second obstacle à vaincre. Néanmoins, la Commission internationale considéra qu'il n'y avait pas lieu de le contourner ; il aurait fallu pour cela une courbe énorme.

Le lac Timsah, qui se trouve immédiatement après sur le parcours du canal et qui était complétement à sec en 1858, recevait anciennement les eaux du Nil, aux moments des très hauts étiages. La nature limoneuse de son fonds révèle cette alimentation par l'eau douce, et son nom la confirme, car Timsah veut dire crocodile, et cet animal ne s'est jamais plu en eau de mer. Toute la portion que vous voyez à l'ouest du tracé du canal, à la hauteur du lac Timsah, n'est autre chose que la vallée de Gessen, dont il est parlé dans l'Ecriture, comme étant celle qu'a occupée le peuple d'Israël pendant son esclavage en Egypte. C'était une vallée fertile, et naturellement le Nil devait l'arroser.

A partir du lac Timsah, le tracé du canal traverse encore une dune de sable, dite seuil du Sérapéum, un peu moins élevée et moins longue que le seuil d'El Guisr, mais ayant pourtant une assez grande importance et s'étendant jusque vers le kilomètre 95, où commence un terrain d'argile gypseuse. Ce terrain, sur une trentaine de kilomètres, forme le lit très déprimé de lacs desséchés, d'une immense étendue, appelés les lacs

Amers. Il est évident, pour les géologues, qu'à une époque encore assez récente, la mer Méditerranée, dont dépendent les lacs Menzaleh et Ballah, venait sans solution de continuité jusqu'au kilomètre 50, tandis que, dans l'autre sens, la mer Rouge venait jusqu'au kilomètre 95. On est porté à croire que c'est précisément à travers le bras de mer, devenu le lit des lacs Amers, que les Juifs, poursuivis par le Pharaon dans leur fuite d'Egypte, ont passé la mer Rouge.

En sortant des lacs Amers, le tracé du canal franchit un dernier seuil, dit seuil de Chalouf, sous lequel on a trouvé un banc de rocher.

Enfin, après ce seuil, le canal aboutit à la mer Rouge, après avoir parcouru un terrain argileux et, en dernier lieu, madréporique, circonstance qui permet de ne pas faire de jetées au débouché dans la mer Rouge.

Tel a été le tracé définitivement ad opté.

Voici maintenant le relevé sommaire des travaux qui étaient à accomplir :

1° A Port-Saïd, créer un port d'accès, à la profondeur de 8 mètres, profondeu r commune à tout le canal, avec deux jetées de p rotection, l'une de 3,000 mètres, l'autre de 1,600 mètres de longueur ;

2° De Port-Saïd jusqu'au kilomètre 75, ouvrir un canal à berges continues , ayant une largeur à la ligne d'eau variable entre 60 et 100 mètres, selon les terrains à traverser;

3° Remplir le lac Timsah et le traverser sans berges, en creusant simplement un chenal balisé de 100 mètres de largeur;

4° Du lac Timsah aux lacs Amers, creuser un canal de 60 mètres de largeur au minimum;

5° Remplir les lacs Amers, naturellement creusés sur la plus grande portion à la profondeur voulue; y indiquer le tracé du canal par des balises;

6° Faire sauter le rocher pour creuser le canal dans le seuil de Chalouf;

7° Enfin, faire aboutir le canal à la mer Rouge, à Suez, par une courbe de 100 mètres de largeur, et créer un bassin pour les besoins à venir de l'exploitation;

En tout, 150 kilomètres de développement, présentant 75 millions de mètres cubes à extraire;

8° Indépendamment du canal maritime, la Compagnie avait à créer un canal d'eau douce pour alimenter ses chantiers et pour faciliter ses transports. Ce canal, d'une largeur de 15 mètres à la ligne d'eau, devait partir de Gassassine, fin du canal égyptien le plus rapproché, venir jusqu'au lac Timsah, centre du canal maritime, et tourner vers Suez, en restant autant que possible à petite distance du tracé du canal maritime.

En tout, 125 kilomètres de développement,

comportant 8 millions de mètres cubes à extraire.

Quant à la ligne d'Ismaïliâ à Port-Saïd, son alimentation d'eau douce devait être assurée au moyen d'une conduite forcée en fonte de 80 kilomètres de longueur.

Rien que cet exposé vous donne une idée de la grandeur de l'entreprise. Les difficultés exceptionnelles dont son exécution était entourée vous la feront tout à l'heure mieux apprécier encore. Mais, pour n'avoir plus à y revenir et pour plus de clarté, je rapprocherai tout d'abord du programme des travaux le détail chronologique de ceux qui ont déjà été faits.

Les premiers travailleurs sont arrivés en avril 1859.

Jusqu'en fin 1860, on s'est occupé exclusivement des installations, y compris la fondation de deux véritables villes.

En août 1861, le canal maritime a été ouvert sur 40 kilomètres à partir de Port-Saïd, avec une largeur de 12 mètres, suffisante pour assurer les premiers transports.

En mai 1862, 36 kilomètres du canal d'eau douce étaient exécutés, et le centre de l'isthme était ainsi relié à Zagazig.

Au mois de décembre de la même année, le canal maritime, creusé sur une première section de

12 mètres, arrivait également au centre de l'isthme, et la mer Méditerranée commençait à pénétrer dans le lac Timsah.

L'année 1863 a été employée au creusement simultané d'une tranchée du canal maritime à toute largeur sur 6 kilomètres au sud du lac Timsah, et des 89 kilomètres du canal d'eau douce compris entre le centre de l'isthme et Suez.

En 1864 et 1865, le premier bassin de Port-Saïd a été commencé, et un tiers de la jetée ouest du port a été construit ; le canal maritime entre Port-Saïd et le lac Timsah a été élargi et creusé ; deux écluses ont fait communiquer le canal d'eau douce avec le canal maritime à Ismaïliâ ; trois écluses ont été échelonnées le long de la branche du canal d'eau douce vers Suez ; une quatrième écluse a été construite à Suez, pour racheter la différence de niveau entre l'eau du Nil et l'eau de la mer Rouge.

Enfin, depuis le mois de janvier 1866 jusqu'à la date du 1er mai dernier, la jetée ouest de Port-Saïd a été continuée jusqu'à moitié de sa longueur ; la jetée est a été commencée ; le premier bassin a été terminé ; le canal maritime a été ouvert à toute largeur et à 2 mètres au moins de profondeur, sur 50 kilomètres ; 30 autres kilomètres ont été creusés à même profondeur, mais avec des largeurs variables, jusqu'au centre de l'isthme ; toute la portion à creuser sur la moitié sud du canal a été attaquée presque partout à largeur définitive, jusqu'à 2 mè-

tres également au-dessous du niveau de la mer ;
le bassin de Suez a été commencé ; le remplissage
du lac Timsah a été achevé, de sorte que la mer
Méditerranée avance de 90 kilomètres dans l'intérieur de l'isthme. (Applaudissements.)

J'ajouterai que toutes les installations et l'organisation sont complètes depuis 1863, et que le
matériel, qui dépasse toute imagination par le
nombre et la puissance des engins, est terminé, a
été essayé avant expédition, puis démonté, transporté en Egypte, remonté, essayé de nouveau et
conduit sur tous les chantiers, où il fonctionne
cette année d'un bout à l'autre de la ligne.

Dès à présent, la communication entre les deux
mers est établie, moitié par le canal maritime, de
Port-Saïd au centre de l'isthme ; moitié par le
canal d'eau douce, du centre de l'isthme à Suez. En
24 heures, une même embarcation à vapeur partie
de la rade de Port-Saïd peut arriver à la rade de
Suez. Le transit a commencé. De grands chalands
en fer, remorqués par des bateaux à vapeur entre
Port-Saïd et Ismaïliâ, et par des toueurs entre
Ismaïliâ et Suez, permettent de transporter au
besoin 1,000 tonnes par jour.

Dans deux ans et demi, les travaux doivent être
entièrement terminés, et le canal maritime, ouvert
à toute largeur et creusé à toute profondeur depuis
Port-Saïd jusqu'à Suez, pourra être livré aux plus

gros navires. L'exploitation en grand du canal commencera. (Applaudissements.)

Au prix de quels efforts, de quelles fatigues, au moyen de quelles combinaisons cet immense résultat aura-t-il été obtenu? Je vais vous le dire, en passant en revue les différents obstacles dont la Compagnie a eu à triompher, et que je diviserai en cinq classes, intitulées.

Recrutement des travailleurs;

Ordre des travaux et premières installations;

Approvisionnements et alimentation;

Organisation;

Solution des difficultés techniques.

III.

En premier lieu, il fallait des ouvriers et des chefs. Il est évident qu'il n'était pas possible de compter à cet égard uniquement sur les ressources de l'Egypte. L'acte de concession ne promettait, de la part du gouvernement local, que le concours des quatre cinquièmes des ouvriers. Le dernier cinquième, la Compagnie avait à le recruter en Europe. Or, la France a bien des ouvriers d'art et des mécaniciens excellents ; l'Italie a des mineurs très exercés ; la Dalmatie et le Montenegro fournissent des charpentiers laborieux et de bons terrassiers ; la Grèce envoie sur toutes les côtes de la Méditerranée des marins habiles. Mais quiconque a eu à s'occuper de recrutement d'ouvriers qu'il s'agit d'expatrier, sait à quels mécomptes on s'expose, en allant chercher au loin un personnel appelé à travailler pendant plusieurs années sous un climat bien différent du sien, et dans une contrée où il manque des ressources auxquelles il est habitué. A plus forte raison, s'il s'agit d'aller dans un désert inconnu, où tout est à apporter, tout à créer.

Le climat de l'Egypte est sans doute très sain,

en ce sens que, si la température y est extrêmement chaude pendant une longue série de mois,
l'air y est sec, les variations de température y sont
bien réglées, et la plupart des maladies de l'Europe
sans influence. De plus, les heures de travail sont
parfaitement combinées par la Compagnie, qui a
fait encore d'énormes sacrifices pour avoir des hôpitaux bien installés, des pharmacies munies de tout
le nécessaire et des médecins exercés. Tout cela
est au mieux aujourd'hui, et aussi l'état sanitaire
est on ne peut plus satisfaisant. Il suffit de parcourir l'isthme pour s'en assurer. Mais, au début, rien
de tout cela n'existait, et le nombre des bons
agents et des bons ouvriers à recruter dans ces conditions incertaines était nécessairement restreint,
surtout en France, où l'idée de l'exil, même momentané, a toujours fait fort peu de prosélytes. De là,
des nostalgies, des rapatriements forcés par suite
d'impossibilité d'acclimatation, des frais considérables pour remplir continuellement les vides et pour
amener le plus vite possible, et coûte que coûte, le
bien-être sur les chantiers.

Laissons de côté ces premiers pionniers libres
que la Compagnie a eu à embaucher, et passons
aux travailleurs indigènes, dont le gouvernement
avait promis le concours. Il s'agissait d'enlever
en peu de temps tous les déblais au-dessus de
l'eau, cube considérable. Vous concevez que, même

avec la puissance de travail, décuplée de nos jours par une bonne organisation et par la coopération d'excellents agents techniques, il fallait un nombre de bras peu ordinaire pour en arriver là. En supposant que, bien conduits, les hommes pussent extraire et transporter sur berge, en moyenne, 1 mètre cube par jour et par ouvrier, cette partie du travail exigeait la réunion de 20,000 hommes travaillant sans interruption pendant près de trois ans.

Or, l'Egypte est un pays agricole, dont la population ne peut pas se déplacer pour plus d'un mois de suite. Pour avoir 20,000 hommes d'une manière continue dans l'isthme, il fallait qu'un certain nombre d'ouvriers en plus fût en route, afin de venir sans cesse relever les partants. Compte tenu de tous les mouvements, on peut évaluer à 25,000 hommes le nombre des fellahs que le gouvernement égyptien devait tenir hors de chez eux pour remplir ses engagements. Devant le grand résultat en vue, le vice-roi n'a pourtant pas hésité, et cette clause du contrat passé avec la Compagnie a été exécutée pendant bien des mois avec la plus scrupuleuse persévérance. Les fellahs recrutés sans l'intervention de la Compagnie étaient transportés en bateaux à vapeur et en chemin de fer par les soins du gouvernement égyptien et arrivaient sur les chantiers avec leurs chefs de village respectifs, qui exerçaient la justice et maintenaient l'ordre, sous l'autorité d'un Bey spécialement attaché à l'œuvre. (Marques de satisfaction.)

Tous les voyageurs qui ont eu l'occasion de visiter les tranchées à l'époque où ces milliers de fellahs remuaient le sable avec leurs pioches triangulaires, le chargeaient dans des paniers du pays appelés couffins et allaient le décharger par-dessus la berge, ont été émerveillés à la fois du mouvement extraordinaire et de l'esprit de discipline de tant d'hommes qui n'entendaient pas notre langage et qui étaient venus, souvent de bien loin, prendre part au grand travail du percement du canal.

Si le recrutement des fellahs et leur maintien sur les chantiers ont constitué pour le gouvernement égyptien une charge réelle, l'agglomération d'un pareil nombre d'hommes a imposé à la Compagnie des obligations d'un ordre spécial qui n'ont pas été une des moindres difficultés de l'œuvre, comme nous le verrons. Quiconque a vu les distributions de vivres et d'argent faites à ces travailleurs, quiconque a pu apprécier sur place avec quelle douceur étaient traités les ouvriers indigènes et à quel prix la Compagnie avait acquis sa réputation d'humanité, a dû protester énergiquement avec elle contre l'assimilation que l'on a voulu faire entre ces contingents et les corvées.

C'est cependant sur une pareille assimilation que l'on s'est d'abord fondé pour faire retirer à l'œuvre le concours des ouvriers fellahs recrutés par le gouvernement. M. de Lesseps n'a pu que s'incliner devant la disposition nouvelle, tout en rétablissant les faits sous leur véritable jour. Mais cette résiliation imprévue d'une des clauses capitales du contrat devait avoir pour conséquence de forcer la Compagnie à recruter désormais tous les ouvriers dans des conditions de prix et de stabilité bien défavorables. Il y avait encore beaucoup de travaux à sec restant à exécuter et le temps pressait. Une indemnité pour cet immense dommage était nécessaire. Le vice-roi s'en remit loyalement à l'arbitrage de l'Empereur des Français, et le chiffre de cette indemnité, fixée à 38 millions pour cet objet, fut librement consenti par lui. Si importante qu'elle soit, cette somme compensera-t-elle les inquiétudes, les déceptions, le temps et l'argent perdus en essais, en changements, en installations, en mise en train des masses d'ouvriers de tous les pays qu'il a fallu faire venir depuis sur les chantiers du canal.

L'attitude du personnel tout entier, la foi robuste de tous ranimée par l'énergie du Président, les efforts des entrepreneurs, non-seulement ont rétabli la situation, mais encore ont rendu aux travaux un élan irrésistible. Un relevé très exact fait en 1866, peu de mois après la disparition du choléra, qui a sévi si cruellement en Egypte en 1865, a fait ressortir à près de 19,000 âmes la population de l'isthme, non compris Suez. Sur ces 19,000 hommes, tous venus au désert pour les travaux du canal, les ouvriers libres employés sur les chantiers entraient pour plus des deux tiers. Je reviendrai à ce renseignement statistique. Pour le moment, il suffit à affirmer que la Compagnie a complètement triomphé de l'obstacle qu'elle a rencontré dans le recrutement des travailleurs. (Applaudissements.)

IV.

J'ai considéré comme un deuxième obstacle l'ordre même des travaux et les premières installations.

C'est qu'en effet la Compagnie s'est trouvée encore, à ce double point de vue, dans des conditions tout à fait exceptionnelles.

Etant donné un canal à creuser dans un pays sans ressources, avec un programme tracé à l'avance, rien ne paraît plus simple que la marche à suivre. On n'avait qu'à entamer l'exécution par une extrémité et à opérer de proche en proche, en creusant à bras d'homme, à toute largeur et à une profondeur suffisante pour introduire l'eau, qui servirait, d'une part, au travail des dragues destinées à atteindre des profondeurs plus grandes, et d'autre part, au transport facile des matériaux et des outils à pied-d'œuvre.

Malheureusement, plusieurs raisons s'opposaient à ce que la Compagnie adoptât cette méthode.

Tout d'abord, qu'aurait-on pensé si, faute de répartir au préalable des brigades d'exploration tout le long de la ligne, on se fût exposé à avoir à modifier le tracé en cours d'exécution, par suite de difficultés de terrains qui avaient pu échapper aux

premières études, si consciencieuses qu'elles eus-
sent été ?

D'ailleurs, au début, on n'avait pas assez d'ouvriers pour faire un travail de terrassement sensi-
ble, et il fallait cependant prendre pied le plus tôt
possible et donner satisfaction au public et aux
actionnaires, en obtenant des premiers résultats
immédiats sous forme d'une organisation générale
des chantiers.

Plus tard, quand le Gouvernement a prêté le
concours d'une armée de fellahs, force a été de les
échelonner, pour éviter la confusion et pour faire
produire à cette masse de travailleurs tout l'effet
utile.

D'un autre côté, une nécessité dominait la
situation, celle d'amener sans retard l'eau potable
au milieu des ouvriers, d'où l'obligation d'employer
une partie des hommes au creusement du canal
d'eau douce, en même temps que les autres atta-
quaient le canal maritime.

Autant de raisons pour préparer à l'avance des
installations sur tout le parcours en vue de l'arrivée des travailleurs et du montage du matériel.

Et ce n'était pas une petite affaire que ces
premières installations. J'essaierai de vous en donner une idée.

Pord-Saïd, le futur port d'accès du canal dans
la mer Méditerranée, était une bande de sable large

de 100 à 150 mètres, à peine plus élevée que le niveau de la mer et du lac Menzaleh, dont les vagues la couvraient parfois des deux côtés. Ce point perdu était à environ 60 kilomètres de Damiette, en suivant ce lit étroit, à plus de 35 kilomètres par le lac de Matarieh et de Salahieh, villages les moins éloignés et qui n'offraient d'autres ressources que celles dont se contentait une population de pauvres pêcheurs. Aucun navire de commerce ne se fût risqué à venir approvisionner un campement à peine peuplé sur cette plage inexplorée et sans abri connu. Songez à tout cela, et vous vous rendrez compte de ce qu'il a fallu d'efforts et de dépenses d'un côté, de patience et de vigoureuse intrépidité de l'autre, pour entreprendre dans ces conditions la construction d'un port.

C'est là que, vers le commencement de 1859, M. de Lesseps amenait et laissait, sous des tentes pour abri et avec un premier approvisionnement de vivres, de matériaux et d'outils, une dizaine d'hommes, sous la conduite d'un ingénieur des Ponts et Chaussées, M. Laroche : son nom, bien connu comme celui d'un des premiers et des plus rudes pionniers de l'œuvre, est acquis à l'histoire de Pord-Saïd.

Pour assurer à cette troupe isolée les arrivages de toute nature, des navires étaient achetés et équipés par la Compagnie à Alexandrie. Un marché était passé avec un chef raïs du pays ayant à sa disposition un certain nombre de barques de pêcheurs, pour le transport par le lac Menzaleh de tout ce que Damiette pouvait fournir, et de l'eau douce, que l'on allait puiser dans les branches du Nil.

Bientôt, la petite colonie s'augmentait, et, avec elle, les besoins. La flottille de la Compagnie s'accroissait en proportion, et de gros navires d'Europe commençaient à s'aventurer sur la rade ainsi essayée. Des machines distillatoires étaient apportées et montées pour suppléer à l'insuffisance des transports d'eau douce par barques. De premières baraques en bois étaient également achetées en France et montées sur pilotis. Un commencement de quai sortait de l'eau pour mettre les chantiers à l'abri du flot.

Aujourd'hui, Port-Saïd est une ville de plus de 7,000 habitants et un port déjà marquant dans la Méditerranée. Son phare, construit par la Compagnie, et la sûreté de sa rade, y ont déjà attiré 3,000 navires de 14 nationalités différentes. Jugez de ce que promet l'avenir, quand les bassins seront creusés à toute profondeur!

Sur le terre-plein extrait de la mer, moins de sept années ont suffi pour créer de magnifiques ateliers de montage et de réparation parfaitement outillés, des bâtiments d'administration considérables, un bureau de poste, une station télégraphique, des magasins et des dépôts de première importance, une douane, un hôpital européen, un hôpital arabe, une chapelle catholique avec une école de petits garçons, un couvent de sœurs avec une école de petites filles, une chapelle grecque, une mosquée, un hôtel fort bien tenu, un cercle; et pour y ériger, indépendamment de ces constructions faites aux frais de la Compagnie, ainsi que toutes les maisons pour le personnel des agents et pour les ouvriers, un grand nombre d'habitations particulières et de boutiques louées aux industriels, des bains publics, un théâtre, deux marchés, etc. (Applaudissements.)

C'est la première fois que, par la seule puissance du travail d'une Compagnie et en dehors de toute action politique, pareils résultats ont été obtenus. Un dernier mot, pour vous en faire apprécier la saisissante réalité. Ce point désert et ignoré, où le premier coup de pioche a été donné en avril 1859, est, à l'heure qu'il est, une station régulière de quatre services de bateaux à vapeur. L'entreprise Borel, Lavalley et Cᵉ effectue trois voyages mensuels entre Alexandrie et Port-Saïd; la Compagnie russe du commerce et de la navigation fait faire escale à Port-Saïd trois fois par mois, dans les deux sens, à ses steamers; la Compagnie Freissinet, de Marseille, y envoie tous les quinze jours un de ses gros bateaux à vapeur; enfin, les Messageries impériales ont décidé que leurs paquebots desserviraient ce port trois fois par mois à l'aller et au retour : l'inauguration de ce service a eu lieu le 18 juin dernier (Applaudissements.)

La Compagnie n'a pas eu moins de peine à prendre racine dans le reste de l'isthme. Le plus ancien campement de l'intérieur du désert est celui de Toussoum, où une faible troupe d'agents et d'ouvriers, recrutés par M. Hardon, le premier entrepreneur qui ait osé comprendre la portée de l'œuvre, luttait contre toutes les difficultés pour créer les premiers abris en vue de l'installation des chantiers. Le village le plus rapproché était à plus de 40 kilomètres à vol d'oiseau à travers le désert. Ceux qui ont eu l'occasion de voir alors à l'œuvre agents et ouvriers ont été d'accord pour rendre hommage à la foi robuste et à l'entrain tout français qui leur ont fait supporter cette rude épreuve.

Toussoum n'était pas destiné à prendre de l'extension. Mais, il y a deux ans, il a été créé non loin de là une cité ouvrière pour 1,500 travailleurs, avec ses ateliers, ses magasins, ses hôpitaux, sa chapelle, son marché. C'est le Sérapéum.

Que n'aurais-je point encore à vous dire de ce qu'a coûté la création du poste de Raz-El-Ech, véritable ilot de vase, aujourd'hui couvert de constructions et centre d'un millier de travailleurs?

De Kantara, dont la population atteint le chiffre de 1,500 âmes?

D'El Guisr, qui compte 2,000 habitants, et dont

la situation élevée, les constructions originales, la chapelle catholique et la mosquée, le grand atelier et le dépôt central des machines locomotives font un poste de premier ordre?

De Chalouf, où l'extraction du banc de rocher a amené une agglomération de plus de 1,200 ouvriers?

Des établissements créés dans la plaine de Suez, à la Quarantaine, et sur le terre-plein sortant de l'eau comme par enchantement, à l'extrémité du canal dans la mer Rouge?

Enfin d'Ismaïlia, point inconnu du désert, devenu une ville de 4,500 âmes, et que sa position au centre de l'isthme a fait choisir comme siége de la direction générale des travaux? Indépendamment des constructions que comportaient les autres établissements, il a fallu ériger à Ismaïlia une habitation pour le Président. châlet charmant de simplicité et de bon goût, des bâtiments spéciaux pour les bureaux d'administration et pour la direction générale, un palais pour le représentant du gouvernement égyptien, un grand hôpital pour les Européens et pour les Arabes, deux chapelles, une mosquée, des ateliers, une agence principale des transports, de grands magasins, un hôtel, des marchés, etc. Quelques-unes de ces constructions, destinées à être encore utilisées après l'exécution des travaux de creusement du canal, ont l'importance de véritables monuments. Un quai de près de

2 kilomètres de longueur en ligne droite borde le canal d'eau douce, de l'autre côté duquel le lac Timsah étend sa vaste nappe d'eau salée, futur port de sortie d'une grande portion des produits de l'Egypte. Au-delà, la vue s'étend de toutes parts sur le désert, et, à l'horizon, au sud, on aperçoit la silhouette nettement dessinée du mont Attaka, au pied duquel est Suez. Ce panorama de plus de 20 lieues de profondeur, éclairé par la vive lumière du soleil de ces régions, est d'un effet grandiose (1).

Les visiteurs, qui n'ont jamais manqué sur les chantiers, mais pour qui, maintenant, une excursion dans l'isthme est comme le complément obligé du voyage d'Egypte, ont peine à s'imaginer comment toutes ces installations ont pu surgir du sable du désert en si peu de temps et avec les seuls moyens dont la Compagnie disposait. Pour eux, il n'y a pas de doute que cette difficulté n'ait été surmontée avec un succès d'autant plus remarquable que la tentative était plus hardie.

(1) Presque toutes les constructions d'Ismaïlia ont été érigées alors que la division était confiée à M. Viller, ingénieur des Ponts et Chaussées.

V.

Quand on organise en Europe de grands travaux, on n'a pour ainsi dire à se préoccuper que de la mise en chantier. En ce qui concerne le matériel, les outils, les approvisionnements, les fournisseurs sont à proximité ; cent moyens de communication facilitent le transport à pied-d'œuvre ; quant à l'alimentation, les villes et les villages offrent naturellement, sur tout le parcours des chantiers, les ressources nécessaires ; c'est à peine si le commerce privé a besoin d'augmenter ses stoks et ses arrivages ordinaires.

Mais au loin, au désert, rien de tout cela. Le matériel, il a fallu le commander et en faire surveiller l'exécution en Europe, l'expédier, le remonter sur place. Les outils, les approvisionnements, il a fallu se les procurer en France ou en Angleterre et en assurer le transport de manière à avoir constamment des stoks précisément en rapport avec les besoins continus ou accidentels, en bois, en fers, en charbons de terre, en matériaux de toute nature, en pièces de rechange de machines.

Et les vivres, que de tracas, que de marchés

délicats, que de soins pour la réception, pour la conservation, pour la distribution ! Il ne s'agissait pas seulement de l'alimentation uniforme et réglée à l'avance d'une armée, il fallait avoir toujours à disposition de quoi satisfaire aux exigences multiples du vêtement, de la nourriture, du mobilier, de l'outillage de milliers de travailleurs de nations et d'habitudes différentes. Pendant quatre années, la Compagnie a dû entretenir à ses risques et périls, dans chacun de ses campements, des magasins fournis de toute espèce de choses.

Au moment où le gouvernement égyptien prêtait le concours mensuel de 20,000 ouvriers fellahs, une organisation spéciale était devenue nécessaire pour assurer le service des approvisionnements et des transports. De là, la création d'une intendance générale, ayant pour mission de pourvoir à l'achat et à la continuelle arrivée des vivres et des outils au milieu des travailleurs. Un intendant militaire français, connu par de longs services en Algérie et en Crimée, M. Angot, fut désigné comme répondant aux exigences de la situation. Grâce à son expérience, cette véritable armée d'ouvriers fut alimentée, depuis le premier jour jusqu'au dernier, avec une ponctualité remarquable dans les conditions toutes particulières où l'on opérait.

Calculez ce qu'il a fallu d'animaux et d'embarca-

tions pour le transport de tous ces approvisionnements. Ne prenons qu'un exemple, le premier de
tous, car il s'agit de la chose la plus nécessaire,
de l'eau douce. La distance moyenne où l'on était
obligé d'aller la chercher était, au début, de près
de 30 kilomètres. Chaque voyage exigeait une
journée de chameau et autant pour le retour (je ne
parle que pour mémoire des temps de repos et de
chargement). Chaque chameau portait, dans deux
barils plats fabriqués exprès, environ 125 litres
d'eau, soit, à raison de 5 litres par homme, quan-
tité bien faible pour tous les usages, de quoi suffire à 25 hommes pour un jour. Pour un chantier
de 20,000 hommes, vous voyez qu'il fallait 800
chameaux marchant continuellement dans chaque
sens rien que pour ce service. Je n'exagère pas. Il
a été même un moment, alors que les canaux
n'étaient qu'entamés et qu'il fallait avoir des chantiers disséminés, où la Compagnie a été obligée
d'avoir 2,000 chameaux constamment en mouvement.

Et notez que je laisse dans l'ombre un côté sai-
sissant du tableau. Tous ces chameaux allaient en
caravanes de 10 à 20. Qu'une de ces caravanes,
par suite d'ordre mal compris ou mal exécuté (et il
ne faut pas perdre de vue que les agents avaient de
la peine à se faire comprendre des Arabes et que le
désert n'a pas de routes); qu'une caravane, dis-je,
vînt à s'égarer, et toute une brigade d'ouvriers eût

manqué d'eau, et la désertion eût été le moindre malheur à redouter ! Grâces à Dieu, la Compagnie n'a pas eu à enregistrer une seule de ces fausses manœuvres irremédiables. Mais s'il en faut savoir gré aux agents chargés de ce service, il est incontestable pour ceux qui ont été sur le terrain que le mérite en revient en grande partie au bon esprit dont la population indigène a toujours été animée, témoignage irrécusable de l'excellente nature de ce peuple et des intentions bienveillantes du gouvernement égyptien. (Applaudissements redoublés !)

C'était pour la Compagnie une impérieuse nécessité que de sortir de cette situation précaire et coûteuse. La moitié des travailleurs fut donc employée à amener l'eau douce au centre de l'isthme d'abord, puis sur toute la ligne vers Suez, en creusant un canal spécial. Véritable assaut, que M. Sciama, alors ingénieur en chef du service des travaux, a conduit en personne, avec M. Cazaux, chef de la division, et où il a eu occasion de déployer son impétueuse activité.

Et le succès n'a pas été, pour la Compagnie, seulement dans l'alimentation assurée de ses chantiers. Elle a, en même temps, fait couler aux portes de Suez, jusqu'alors approvisionnée d'eau douce par des trains de chemin de fer, un fleuve véritable, ce qui a permis à cette ville, si admira-

blement située, de prendre tout son développement.
Ce canal d'eau douce, dont le développement
dépasse 125 kilomètres, a été rétrocédé récemment
au gouvernement égyptien pour 10 millions de
francs. Il offre cette particularité curieuse qu'il
forme comme une branche du Nil allant exacte-
ment à contre-sens du courant de ce fleuve.

Il restait encore à alimenter d'eau douce toute la
partie nord de la ligne des travaux, depuis
Ismaïlia jusqu'à Port-Saïd. Et, de ce côté, il fallait
recourir à d'autres moyens qu'un embranchement
du canal de Zagazig à Ismaïlia, une portion de
terrain étant fort élevée au-dessus du niveau du
canal, et le reste du parcours n'ayant pas tout
d'abord de berges suffisantes pour songer à y pra-
tiquer même une simple rigole.

La Compagnie s'est tirée de cette complication
en donnant à l'entreprise, à M. Lasseron, ingénieur, ayant la grande expérience de ces sortes de
travaux, la construction à Ismaïlia de deux pompes
à vapeur, pouvant chaque jour puiser au canal
d'eau douce et refouler, par une conduite forcée en
fonte, de quoi suffire aux besoins de tous les campements au nord d'Ismaïlia jusqu'à Port-Saïd.
Cette première conduite, d'une longueur totale de
80 kilomètres, se compose d'environ 35,000 tuyaux.

Plus tard, pour parer à toutes les éventualités,
la puissance de débit des deux premières pompes

a été augmentée, et un nouveau marché a été passé avec le même entrepreneur pour l'établissement d'une troisième machine, plus puissante que les deux premières ensemble, et pour la pose d'une seconde conduite, de même longueur, mais d'une section beaucoup plus forte que la première. Le tout a été exécuté dans des conditions d'élégance et de solidité qui frappent tous les visiteurs.

Pendant que ces travaux s'accomplissaient, la Compagnie avait pu abandonner peu à peu au commerce libre l'approvisionnemt en vivres et en vêtements de tous les travailleurs. Il ne subsiste plus aujourd'hui, à titre officiel, qu'un économat général, confié à MM. Bazin frères, et qui sert à modérer le cours des diverses denrées. Partout des marchands sont venus s'établir avec confiance, louant à la Compagnie, ou construisant eux-mêmes à leurs frais et risques, magasins et logements. Le relevé établi en 1866 a fait ressortir à près de 1,500 le nombre de ces industriels, dont plus de 700 européens. C'est, à la fois, un très intéressant exemple en faveur de la liberté absolue du commerce et la meilleure preuve que la Compagnie n'a plus à se préoccuper de cette grosse question des approvisionnements.

VI.

En passant en revue toutes les difficultés vain-
cues, je vous ai fait déjà pressentir la puissante
organisation à laquelle la Compagnie a dû recourir. Vous en développer tous les rouages nous
entraînerait trop loin. Voyons seulement quelques
points saillants.

Les travaux, dont l'éxécution a été sur toute la
ligne donnée à l'entreprise dans des conditions
dont je parlerai tout à l'heure, sont répartis entre
quatre divisions. La première, celle de Port-Saïd,
est confiée à un ingénieur des Ponts et Chaussées,
M. Laroche, déjà cité à propos de la création de
Port-Saïd. La seconde, celle d'El Guisr, est dirigée
par un ingénieur italien, M. Gioia, qui s'est fait
connaître par son entraînante activité, alors que
les 20,000 hommes des contingents indigènes atta-
quaient le seuil d'El Guisr. A la tête de la troisième
division, celle d'Ismaïlia, est arrivé récemment un
ancien élève de l'École polytechnique, pour remplacer le précédent titulaire, M. Bettès, mort sur
la brèche. La quatrième, celle de Suez, a pour chef
un ingénieur hydrographe, M. Larousse, antérieu-

rement bien connu par ses travaux le long de la côte d'Egypte, et à qui la Compagnie doit une magnifique étude topographique de l'isthme, exécutée, dans les premiers temps de l'œuvre, au prix de rudes fatigues.

Voilà pour les travaux, et, en Europe, c'eût été suffisant. Mais, dans l'isthme, que de complications !

Indépendamment des logements qu'il a fallu construire et dont la répartition et l'entretien ont formé ensuite une branche de service, c'est à la Compagnie qu'est incombé le soin de constituer un service médical : six hôpitaux, ayant chacun salles et médecins pour les Européens et pour les Arabes, pharmacies complètes et cinq ambulances avec médecins détachés. Le tout sous la direction d'un médecin en chef, M. Aubert Roche.

Avec la santé du corps, la santé de l'âme. C'est encore la Compagnie qui a construit les églises des différents cultes et qui pourvoit au paiement de tous les frais que comporte leur existence. L'isthme possède cinq chapelles catholiques, desservies par sept Pères de la Terre-Sainte ; trois chapelles grecques, avec leurs popes ; quatre mosquées arabes, avec leurs imans et leurs muezzins. Deux écoles de petits garçons, l'une à Port-Saïd, l'autre à Ismaïlia, sont dirigées par les Révérends Pères. Enfin, des Sœurs du Bon-Pasteur ont un établissement complet à Port-Saïd : vénérées de tous, elles remplissent leur sainte mission à l'hôpital et tiennent une école de petites filles.

Et toutes ces branches de service empruntées aux circonstances exceptionnelles de l'exécution !

Double comptabilité offrant les plus sérieuses garanties ; service matériel, chargé de la garde et de l'entretien des engins en dépôt et de la répartition du matériel en activité ; service postal, comprenant 12 stations et fonctionnant depuis six ans à l'européenne, avec une régularité parfaite; service télégraphique s'effectuant sur 250 kilomètres de fils, avec 11 stations (1).

C'est encore la salubrité à garantir et le débit des denrées à surveiller dans une certaine limite ; la police du port de Port-Saïd et de la navigation sur toute la ligne à affirmer. Je ne parle que pour mémoire de la police générale, dont la Compagnie a eu la responsabilité exclusive pendant les premières années, offrant le spectacle, sans aucun doute unique au monde, d'une agglomération d'hommes

---

(1) Le service de la comptabilité générale, en Egypte, est dirigé par M. Magnan ; celui du matériel, par M. Monteil; celui des campements, de la poste et de la télégraphie, par M. Geyler.

de tous les pays et de religions différentes, travaillant à la même œuvre dans un ordre et avec un calme admirables, sous le seul empire de l'autorité morale. (Vifs applaudissements.)

Depuis trois ans, l'accroissement de la population non immédiatement ouvrière, et la création de villes, en transformant le désert, ont naturellement entraîné des mesures nouvelles. L'isthme est devenue province, ayant pour gouverneur Ismaïl-Bey, aimé et estimé de tous pour son caractère loyal, conciliant et juste. Sous-gouverneur, effendis, cawas, administration civile, justice à tous les degrés, rien ne manque à l'institution. Port-Saïd, devenu port classé, a son gouverneur détaché, et sept nations, la France, l'Angleterre, l'Autriche, la Grèce, l'Italie, la Prusse et la Suède, y battent pavillon consulaire.

Des avis, récemment publiés dans le monde entier, ont annoncé le commencement du transit entre les deux mers. C'est le service des transports qui s'est transformé et dédoublé pour ce grand résultat.

En ce qui concerne les transports proprement dits, à la traction par les chameaux, puis par les mules et les chevaux, a succédé la traction à la vapeur. Au moyen de mahonnes remorquées, des entrepreneurs habiles, MM. Savon frères, vont chercher en mer, à Port-Saïd, et déchargent à quai marchandises et voyageurs. Chaque jour, des bateaux à vapeur de la Compagnie font le service de la poste, des voyageurs et de la messagerie sur les trois lignes de Port-Saïd à Ismaïlia, d'Ismaïlia à Suez et d'Ismaïlia à Zagazig.

En ce qui concerne le transit, un matériel de chalands pontés en fer, remorqués par des bateaux à vapeur à hélice, entre Port-Saïd et Ismaïlia, et toués sur une chaîne sans fin, entre Ismaïlia et Suez, transporte de bord à bord les marchandises entre Port-Saïd et Suez. Simplicité de manutention, diminution des risques, rapidité, économie considérable, tels sont les avantages offerts. L'importante mission de faire marcher ce service a été confiée à un fonctionnaire, M. Guichard, précédemment mis en relief par la gestion d'un magnifique domaine, dit de l'Ouady, que la Compagnie avait acheté, comme tête de ligne du canal, pour assurer, pendant les premières années, son alimentation d'eau douce. Les circonstances ont permis, depuis, de se dessaisir de ce domaine, en le rétrocédant au gouvernement égyptien, moyennant 10 millions de francs.

J'oubliais un point encore essentiel. Le travail a besoin de distractions, et l'exil double cette exigence. Qu'a fait la Compagnie? A tous elle a facilité, dans la mesure du possible, la culture de petits jardins, qui donnent à quelques résidences, notamment à Ismaïlia, un aspect gracieux et inattendu.

Plusieurs campements, en première ligne la ville de Port-Saïd, ont leur cercle bien organisé. Port-Saïd a même un théâtre public, fondé par l'industrie. Des Sociétés chorales occupent, de la manière la plus fructueuse, les soirées d'un certain nombre de travailleurs de tous rangs.

Les fêtes publiques, européennes ou indigènes, sont célébrées chaque fois par toutes les nations, qui s'y confondent avec un entrain à faire oublier bien des fatigues.

En dernier lieu, une Société de régates s'est constituée, à l'instigation d'un grand entrepreneur, M. Lavalley, et plusieurs journées en ont déjà consacré le succès, à la fois de plaisir et d'utilité. Aux régates de Port-Saïd, 8 bateaux à vapeur et 60 embarcations à voiles ou à rames ont concouru. A celles qui ont été données, le mois dernier, à Ismaïlia, pour l'inauguration du lac Timsah, six prix, dont deux offerts par S. A. le vice-roi et un prix de S. M. l'Empereur, ont été disputés.

Et puis, chaque grand travail accompli a son triomphe, et, ces jours-là, tous les cœurs sont en joie et l'enthousiasme ne fait pas faute. Demandez à ceux qui ont assisté à l'achèvemement de la première section du canal maritime partant de Port-Saïd, à l'introduction de la mer Méditerranée dans le seuil d'El Guisr, à l'arrivée de l'eau douce à

Suez, à l'inauguration des écluses d'Ismaïlia, à l'entrée du premier vaisseau dans le bassin de Port-Saïd.

Demandez-le aux échos de la salle où se sont réunis, à Ismaïlia, en 1865, les 110 délégués des Chambres de commerce de 70 villes importantes du globe, représentant 16 peuples différents. Ils vous diront les propositions enthousiastes arrachées à leur admiration, alors pourtant que la Compagnie commençait à peine à remplacer, par son matériel, l'armée d'ouvriers dont elle venait d'être privée. J'aperçois encore l'un d'entr'eux s'élançant de sa place pour voter une statue de bronze à élever à M. de Lesseps, auprès du canal achevé, afin que l'ouvrier pût contempler son œuvre dans l'éternité : suffrage doublement précieux dans la bouche d'un homme dont la conception hardie et l'inébranlable ténacité ont doté le monde d'une des merveilles de notre âge : je veux parler de W. Cyrus Field, un des promoteurs de l'immersion du câble transatlantique. (Applaudissements prolongés.)

Où placer, mieux qu'après cette énumération sommaire des services organisés par la Compagnie, une personnalité qui reparaît dans toutes les parties de ce grand ensemble, et à qui la confiance du président, et, en son absence d'Egypte, du vice-président (1), impose une immense responsabilité.

(1) M. de Ruyssenaers, consul général des Pays-Bas.

Cette personnalité, c'est celle de M. Voisin, directeur général des travaux. Rien qu'il n'ait eu à prévoir, aucun détail dont il n'ait eu à s'occuper, aucune étude qu'il n'ait préparée, aucun projet qu'il n'ait étudié ni discuté, aucun travail auquel il n'ait été mêlé, aucune difficulté dont il n'ait eu l'angoisse, aucun succès dont il ne doive avoir sa part. Le titre de Bey et le grade d'ingénieur en chef des Ponts et Chaussées, sans parler de plusieurs décorations, sont là pour prouver en quelle haute estime son concours est tenu.

Mais le temps presse, et le dernier point à traiter est bien important. J'arrive donc, bien vite, à la solution des difficultés techniques.

VII.

On a beaucoup parlé de deux prétendus obstacles, qui devaient même s'opposer absolument, disait-on, à l'exécution du canal : les vases du lac Menzaleh , rendant impossible la création des berges, et l'envahissement par les sables, dans la traversée des seuils d'El Guisr et du Sérapéum. Le temps et l'expérience ont fait justice de ces craintes. Sans doute, la fluidité des terrains dans la partie nord du canal maritime a nécessité des travaux préparatoires; mais les berges sont constituées, de ce côté, depuis plus de trois ans, et la surcharge successive qu'elles reçoivent, loin de les détruire, les consolide chaque jour. Quant aux sables apportés par les vents dans le lit du canal, une seule drague suffit à les extraire : c'est là un travail d'entretien fort ordinaire et sans importance.

Les difficultés réelles, qui ont exigé les études les plus sérieuses et pour lesquelles des remèdes énergiques ont été mis en œuvre, passons-les en revue.

Aussi bien ce sera un hommage rendu aux entrepreneurs chargés de l'exécution, et que la Compagnie doit se féliciter d'avoir rencontrés.

Entreprise Dussaud frères. — C'est d'abord la création des deux jetées de Port-Saïd. Il s'agissait de trouver, transporter et submerger, jusqu'à 3,000 mètres en mer, des blocs assez forts pour résister au flot. MM. Dussaud frères, déjà connus par leurs succès en ce genre à Alger, à Cherbourg et à Marseille, ont réussi par un procédé aussi simple qu'ingénieux. Ils ne vont pas chercher au loin des pierres énormes, dont le seul transport coûterait des sommes considérables. Ils les font sur place. Le sable extrait de l'emplacement des bassins de Port-Saïd, ils l'utilisent en le mélangeant avec de l'eau et de la chaux du Theil dans des broyeurs mécaniques, et en coulant le produit dans des moules d'un volume de 10 mètres cubes; ils laissent sécher pendant deux mois, dans un immense chantier, les blocs ainsi obtenus; puis ils les chargent sur des alléges et vont les jeter en mer sur l'alignement déterminé. Rien de plus intéressant que cet atelier, où toutes les forces vives sont appliquées avec une entente parfaite.

La moitié de la tâche de MM. Dussaud est terminée, et deux commencements de jetées, du plus puissant effet, ont rendu accessible l'entrée de Port-Saïd par des fonds de 6 mètres. Quand ces deux jetées seront terminées, elles laisseront entre elles une entrée de 400 mètres de largeur et offriront un abri de 230 hectares.

Entreprise Couvreux. — J'ai déjà dit qu'au moment où les 20,000 hommes recrutés par le gouvernement ont été retirés, il restait encore à faire beaucoup de travaux à sec. La plus grande partie de ces terassements a été confiée à M. Couvreux, entrepreneur, qui a inventé pour cet objet un engin spécial nommé excavateur. Figurez-vous une locomotive avançant sur des rails parallèles à la berge et faisant mouvoir perpendiculairement à son flanc un chapelet de godets dragueurs sur un plan incliné. Au plus bas de leur course, ces godets creusent le lit du canal et se remplissent ; au sommet du plan de mouvement, ils s'ouvrent par le fond et se déchargent, soit sur berge, soit dans des wagons, que des locomotives emmènent ensuite aux lieux de décharge définitive.

M. Couvreux a aussi des équipes d'ouvriers qui font ébouler les pans de la muraille de sable et qui chargent les produits à porter hors du profil, de manière à déraser tout le terrain au niveau de l'eau.

Enfin, il a appliqué ces excavateurs aux déblais sous l'eau, jusqu'à la profondeur de 2 ou 3 mètres, en faisant ainsi de véritables petites dragues, dont seulement le point d'appui est en terre ferme.

Quinze kilomètres du Canal maritime, dans la haute tranchée du seuil d'El Guisr, sont attaqués de cette manière et présentent une série de chantiers variés, pleins d'animation et d'un grand intérêt.

Entreprise Borel, Lavalley et C. — MM. Borel, Lavalley et Ce ont obtenu en plusieurs marchés consécutifs l'exécution de tous les dragages. Leur entreprise est de premier ordre et leur vigoureuse organisation est admirée de tous les hommes du métier. M. Borel surveille en France l'exécution des grandes commandes et l'expédition de tout ce que comporte cette gigantesque tâche, avec son expérience d'ingénieur des Ponts et Chaussées ayant présidé à de grands travaux. M. Lavalley, également sorti de l'Ecole polytechnique et rompu à tous les problèmes de la haute mécanique par ses études en Angleterre et par ses travaux en France, en Espagne et en Russie, dirige en Egypte un personnel longuement éprouvé, et trouve pour toutes les natures d'attaques des combinaisons à la hauteur des difficultés à vaincre.

Le type des premières dragues a été successivement agrandi, et celles que l'on a construites en dernier lieu dépassent par leur force et leurs dimensions tout ce qui avait été fait en ce genre. Construites entièrement en tôle et en fer, larges de 8 mètres, longues de 40, avec une charpente de 14 mètres d'élévation et pesant chacune un demi-million de kilogrammes, elles ont donné à leur essai un rendement de 1,800 mètres cubes par jour. (Applaudissements.)

Mais il ne s'agit pas seulement de creuser le lit du canal, il faut encore décharger les produits Quatre moyens différents sont employés pour cela.

1° Lorsque la berge n'est pas trop élevée, les dragues versent leurs produits à même, par des couloirs latéraux inclinés en conséquence et d'où le sable compacte est chassé au besoin par des jets d'eau lancés à l'aide de la machine à vapeur de la drague. La longueur de ces couloirs, dont la charpente, entièrement en tôle, est un modèle de hardiesse mécanique et de légèreté, a été portée jusqu'à 70 mètres. (Applaudissements.)

2° Quand les berges sont trop élevées pour l'emploi des couloirs, MM. Borel, Lavalley et Ce appliquent un appareil nouveau, dont la première donnée appartient au directeur général des travaux. Cet appareil, appelé élévateur, consiste en un grand plan incliné, tout en tôle, de 50 mètres de longueur, pivotant autour d'un axe dont la charpente s'appuie sur la berge. L'extrémité basse du plan repose sur un chaland flotteur qui se tient entre la rive et la drague desservie par l'élévateur. Le long de ce plan roule un wagonnet traîné par une chaîne sans fin mue à la vapeur. — La drague décharge dans des caisses portées sur des chalands. Ces caisses se suspendent au wagonnet qui les monte et les redescend après qu'elles se sont déchargées. — Deux élévateurs avec leurs accessoires déchargent ce qu'une grande drague peut extraire et se meuvent en même temps qu'elle, de manière à enlever tout le profil.

3° Là où les berges ne comportent aucun des deux moyens ci-dessus, et quand on est à proximité de la mer, les dragues déversent leurs produits dans des bateaux à vapeur ayant une cavité centrale de 180 mètres cubes de capacité, s'ouvrant par le fond au moyen de portes que fait jouer instantanément un système de chaînes. Ces bâteaux, une fois chargés, vont aux endroits désignés d'avance en mer, et reviennent ensuite prendre de nouveaux produits.

4° Enfin, quand la mer est trop loin pour permettre à frais réduits ce mode de décharge, on a recours à des lacs de décharge artificiels. Le lac Timsah, récemment rempli par la Méditerranée, est un de ces grands déversoirs. Seulement, comme on risquerait de n'avoir pas toujours là des profondeurs suffisantes pour faire jouer des portes de fond, MM. Borel, Lavalley et Ce ont fait construire des bateaux à portes latérales.

Citons encore des chantiers plein d'intérêt dans la même entreprise.

Les terrassements à sec du seuil du Sérapéum n'étant pas assez avancés pour que l'on pût espérer de terminer à bras d'homme cette portion du tracé en même temps que le reste, on a profité, l'an dernier, de la crûe extraordinaire du Nil , qui alimentait le canal d'eau douce au-delà des besoins, pour remplir à l'eau douce (dont le niveau est de 6 mètres plus élevé que le niveau de la mer en ce point) toute la portion des tranchées en retard. On a d'ailleurs ménagé, par des ouvertures dans les berges commencées, l'accès dans de grands bassins entourés de dunes, qui servent de déversoirs artificiels. Des dragues, des chalands, des bateaux déchargeurs de sables ont été introduits par le canal d'eau douce dans ce chantier , qui fonctionnera ainsi en surélévation jusqu'au moment où la tranchée aura été creusée à 2 mètres en contrebas du niveau de la mer. Alors, on rompra les barrages des deux extrémités, et toute la nappe liquide, avec les engins qu'elle porte , descendra au niveau de l'eau de mer.

Une autre opération du même ordre est destinée à amener par le canal d'eau douce, dans les tranchées du Canal maritime, les engins qui ont à travailler entre les lacs Amers et Suez.

Enfin , une attaque très curieuse a été celle du banc de rocher de Chalouf, aujourd'hui complètement extrait. Sur un certain nombre d'emplacements convenablement espacés, il a été établi des plans inclinés avec des rails, sur lesquels des wagons, se mouvant au moyen de chaînes enroulées par des locomobiles, arrivaient aux lieux de chargement et remontaient les débris du rocher attaqué à la mine. Cette installation a été maintenue, pour extraire de même les terres et le sable restant dans la tranchée. L'eau de mer y sera alors introduite, pour achever l'élargissement et l'approfondissement à la drague dans les parties suivantes. Dès aujourd'hui (et ce sera le seul point du canal offrant cette particularité), on peut voir à Chalouf le plafond définitif du canal parfaitement à sec, de puissantes pompes à vapeur ayant constamment épuisé les eaux d'infiltration pour permettre le travail des mineurs.

Comme je vous le disais, toute la ligne est attaquée. Vous voyez avec quelle énergie. Dans un an, l'eau de la mer Rouge commencera à remplir les petits lacs Amers par le sud, puis l'eau de la Méditerranée viendra remplir les grands lacs Amers par le nord, opération grandiose et sans précédent. Qui a jamais entendu parler d'une chute artificielle de la mer ? Le remplissage du lac Timsah, si heureusement exécuté déjà, assure le succès de cette opération, à laquelle il faudra consacrer une période d'environ dix mois, à raison de 5 millions de mètres cubes par jour, car la capacité des lacs Amers dépasse 1,400 millions de mètres cubes ; magnifique bassin où se formera en toute sécurité la compensation entre les courants des deux mers, dont une seule a des marées. Ce double remplissage operé, les deux mers seront directement réunies et, pendant ce temps, les dragues, ayant constamment opéré, n'auront plus que peu de travail à faire pour atteindre les fonds de 8 mètres.

La dernière main mise à la construction du matériel a permis d'assigner récemment, en pleine connaissance de cause et avec toute confiance, le délai suprême de deux ans et demi. Ce matériel, en voici le résumé, sauf omissions et sans compter le matériel considérable réservé au transit et aux transports.

La Compagnie possède par elle-même ou par les différentes entreprises :

   10 broyeurs mécaniques,
   25 remorqueurs à vapeur,
220 chalands,
    4 dragues à manivelle,
  19 petites dragues,
  58 grandes dragues, dont 20 à long couloir,
  79 bateaux à vapeur déchargeurs de sable, à portes de fond, dont 37 pouvant tenir la mer,

30 bateaux à vapeur déchargeurs de sable, à portes latérales,

  18 élévateurs,

  90 chalands flotteurs,

700 caisses à déblais,

  30 grues à vapeur,

  10 chalands citernes à vapeur,

  30 locomobiles et 15 locomotives,

  20 excavateurs à sec ou mouillés

Et 1,800 wagons.

Le tout exécuté par les premières maisons de France, d'Angleterre et de Belgique (1), fonctionnant avec un personnel de moins de 4,000 ouvriers, moyennant une force de plus de 10,000 chevaux, et faisant un travail utile (extraction et transport compris) qui dépasse celui de 150,000 hommes, en évaluant tout au plus bas, et avec cette condition à ne pas perdre de vue que le tra-

---

(1) Pour la France :

La Société des Forges et Chantiers de la Méditerranée,
La Société des Chantiers et Ateliers de l'Océan,
La maison E. Gouin et Cᵉ,
La maison Claparède,
La maison Frossard.

    Pour l'Angleterre :

Les maisons Henderson, Coulborn, Thomas Bolton, Seath, Forrester.

    Pour la Belgique :

La Société John Cokerill, de Seraing.

vail s'exécute sous l'eau, ce à quoi les hommes seraient impuissants. (Marques d'approbation.)

Qu'il y a loin de ce travail à celui qui a été exécuté à sec avant l'introduction des machines ! Les plus puissants rois de la terre, aidés de peuples entiers d'esclaves, ont mis plus de cent ans à faire le quart de la tâche que la Compagnie aura terminée dans dix fois moins de temps. Mais aussi, les anciens, dans leurs enfantements poétiques, ont-ils rien créé qui approche de ces engins merveilleux qu'on appelle dragues, longs couloirs, élévateurs, et qui font chaque jour l'ouvrage de plus de 1,000 ouvriers. Auprès de cette puissance, Briarrée aux cent bras, Hercule et toute cette grande race célébrée par les chantres d'autrefois pâlissent et disparaissent dans l'ombre. C'est en imagination qu'Atlas soutenait un monde : le colossal effort de nos géants de la mécanique en entr'ouvre deux en réalité.

Encore quelques mots, et j'ai terminé. Mon but a été de vous mettre à même d'apprécier ce qui a été fait jusqu'ici. J'ai considéré comme un devoir de m'en tenir à la seule énumération raisonnée des moyens mis en œuvre.

Les efforts tentés de toute antiquité pour établir une communication directe entre la mer Méditer-

ranée et la mer Rouge ; la rencontre dans cette
pensée des souverains les plus puissants et des
génies les plus pratiques, tout, jusqu'à cette résis-
tance politique dont la Compagnie a eu à triompher et à laquelle je n'ai pas voulu faire allusion
dans le cours de cette séance, m'inclinant devant
une erreur qui paraît vouloir se faire loyalement
oublier (Applaudissements prolongés); tout, dis-je,
proclame bien haut la grandeur des résultats à
attendre de l'œuvre accomplie.

Comme la création des nouveaux engins de
locomotion, l'ouverture des voies nouvelles a des
conséquences indiscutables et doit donner des
bénéfices qui défient tout calcul. Or, le canal de
Suez abrégera la route liquide de l'extrême Orient
de :

4,300 lieues pour		Constantinople,
3,800	—	Malte,
3,600	—	Trieste,
3,300	—	Brindisi,
id.	—	Gênes,
id.	—	Marseille,
3,000	—	Cadix,
id.	—	Le Hâvre,
2,800	—	Amsterdam,
id.	—	Bordeaux,
id.	—	Lisbonne,
id.	—	Liverpool,

2,800 lieues pour Londres ,
  id.   —   Saint-Pétersbourg .
2,700   —   La Nouvelle-Orléans ,
2,400   —   New-York.

Le tonnage total qui sera transporté chaque année par le canal dépassera certainement de beaucoup les prévisions du projet, à en juger seulement par l'expérience des vingt dernières années. L'exemple des progrès saisissants du commerce et de la navigation, depuis le commencement de ce siècle surtout, n'est-il pas là pour affirmer que l'avenir fera bien plus que tenir les promesses du passé ?

Pour apprécier d'aussi colossales opérations, plaçons-nous au véritable point de vue.

Demandez-leur s'ils se sont fondés sur de timides rapprochements avec le passé, à ces hommes, aussi habiles que prévoyants, qui ont créé nos lignes de chemin de fer, dont quelques-unes voient, après dix ans seulement d'exercice, leurs actions à 60 % au-dessus du pair ! N'est-ce pas à la sûreté de son coup-d'œil et à sa confiance immuable dans tous les instruments du progrès, que l'Amérique doit ce vertigineux développement commercial et industriel, qui en a fait, en moins d'un siècle, une des reines du monde !

N'oublions pas la maxime que le temps est de

l'or. Toute voie qui fait gagner du temps est une source inépuisable de richesse, ne fît-elle que rapprocher entre elles des contrées déjà depuis longtemps en rapports d'échanges. Que sera-ce, alors qu'il s'agit d'abréger la route vers d'immenses pays, avec lesquels les relations commencent à peine à prendre leur essor. Ce n'est plus seulement sur l'Inde qu'il faut compter, c'est sur la Chine, sur la Cochinchine et sur le Japon, dont la population réunie dépasse celle de l'Europe entière. Le canal de Suez, comme l'ont déjà dit des voix autorisées, est destiné à mettre en contact continuel 300 millions d'hommes de l'Occident avec 500 millions de leurs frères d'Orient.

Je m'arrête à ces chiffres. Tout ce que je pourrais y ajouter en diminuerait l'éloquence. Ils suffisent à prouver à quel point le percement de l'isthme intéresse le monde entier et doit être fructueux. Ce sera un éternel honneur pour le dix-neuvième siècle d'avoir accompli cette grande œuvre; pour les souverains de l'Orient de l'avoir comprise et protégée; pour la France d'y avoir pris une si large part. (Applaudissements redoublés.)

Il me reste à vous remercier, Mesdames et Messieurs, de la bienveillante attention que vous avez bien voulu me prêter. Je ne manquerai pas de reporter à M. de Lesseps la vive sympathie que vous avez témoignée à son œuvre. — Enfin, si quelques personnes désirent m'adresser des questions ou me demander des explications, je me tiens à leur disposition immédiatement après la séance.

FIN.

365

Je regrette, en livrant ce travail à la publicité,
que la préparation et les limites nécessairement
restreintes d'une Conférence ne m'aient pas permis de citer les noms de tous ceux qui prêtent, ou
qui ont prêté, soit en Egypte, soit en France, à
l'œuvre du percement de l'isthme de Suez, le concours de leur dévouement, de leur science, de
leur expérience administrative et de leur haute
réputation.

Toulouse, le 15 juillet 1867.

OLIVIER RITT.